TIMMY THE TUG

J DOWNER
18 RUGBY ST.
LONDON WC1

TEL. CHA 3159

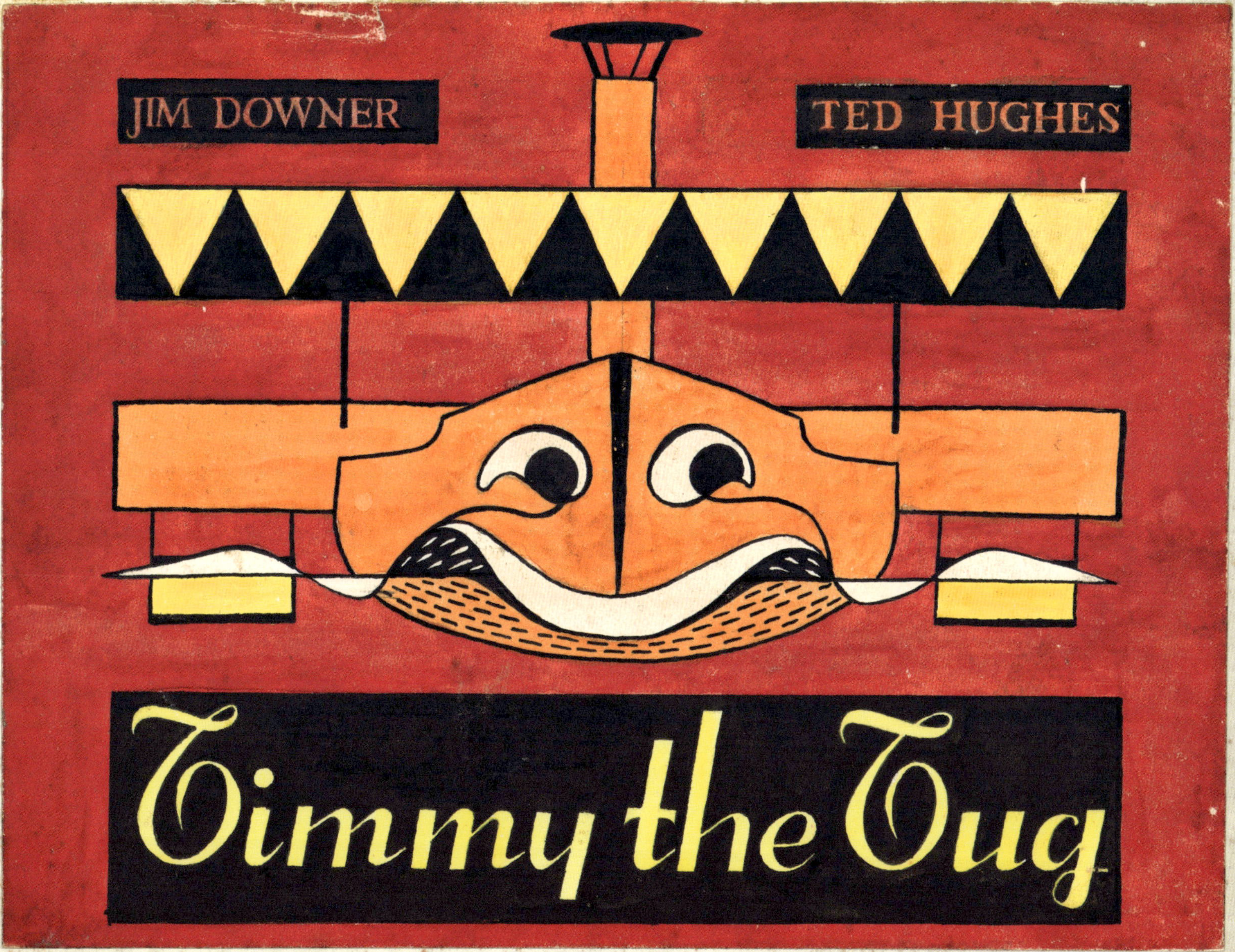
JIM DOWNER
TED HUGHES
Timmy the Tug

Timmy was a paddle-boat, sound as a gong,
  Not a worm in his timbers, fresh paint all over.
He was hale as a whale and twice as strong,
  And he sailed on the peaceful river.

Now Timmy had paddles, you can all see that,
  But propellors are now in fashion
  And ships that charge through Ocean,
So the captain quit with the cook and the cat
  And a whole six months rum ration.

And found a ship that sailed high seas,
  With mighty propellors and huge freights,
And he left Timmy for the gulls to tease,
Moored with rough ropes to the sleepy Quays,
  While rust ate the paint off his plates.

Timmy the Tug

A story in COLOUR

A story in RHYME

BY

JIM DOWNER AND TED HUGHES

for

DARRY ANDREW

and all those like him

GERSTENBERG

Timmy the Tug sat patiently there.
  The ropes rubbed sore, his rivets ached.
He was up to his eyes in oil and tar.
The gulls cried 'Old Crock' in his ear,
  The green crabs called him wrecked.

This was more than he could stand.
  He closed his eyes, he counted ten:
"I'd be far better off as a house on land,
Or a triangle in a bad brass band,
  At least I'd be useful then."

Like a weight-lifter Timmy then
  Took one tremendous breath,
Drew the ropes till he felt the strain,
And then heaved with the strength of ten,
  While the harbour churned beneath.

He would escape! At his fierce look
  The gulls hid in a cloud,
The quays trembled, the harbour shook.
He would escape! Or he would pluck
  The quays from where they stood.

Then with cracks like the shots of a gun
  The ropes snapped suddenly.
His paddles whirl, - the last rope's gone, -
The tall cranes dance to see it done, -
  Timmy the Tug is free.

Now fast he chugs and he chugs far.
  As far as he can see
The blue sky and the blue sea are.
He chugs along without a care,
  Until, suddenly,

Almost too late, he stops, - he sees
  Almost on top of him
Two great tugs made to sail the seas
(Tim scarcely comes up to their knees)
  And they pull after them

A huge liner, a castle, with towers,
  So high it covers the sun.
Each tug straight ahead stares,
Neither sees Timmy, neither cares,
  And the huge liner comes on.

Timmy dives left, and he dives right,
  He dives up, he dives down,
He paddles round with all his might -
No corner ever was so tight -
  Then those great ships have gone.

"A piece of clever paddling, that."
  Timmy said with pride.
"I did not even lose my hat.
A cat's not easier on its mat
  Than I on the ocean-tide."

He romps up to a trawler then.
  Its nets spread through the sea
With swarms of fishes struggling in,
And every one waving a fin:
  "Set us free, set us free."

In dashes Timmy: "I know well "
  He cries, "What prison is."
Upon the meshes then he fell,
The tangle he made was terrible,
  And out jumped every fish.

Timm y's tangled paddles stopped.
  The angry trawler came:
"Be off, or else you shall be chopped
In two, and both your funnels lopped."
  Tim almost sunk for shame.

WK

And all around an angry crowd
  Of trawlers watched him go,
Blowing their foghorns long and loud
To teach him he was not allowed
  To treat his betters so.

The waves grew higher, the sea grew deeper,
   But he never once looked back.
Till on a rock, green with sea-creeper,
He saw a stranded ship, and the skipper
   Fired rockets from the wreck.

"Ahoy! Ahoy!" - he heard its cry.
   He shouted back:"Avast!
You shall not long sit high and dry,
I'll set you sailing perfectly."
   Here was his chance at last.

He piled on steam, and the foam flew
  As he cut through the sea.
This was the kind of work he knew,
To save a ship with all her crew,
  Not setting fishes free.

But the seagulls shouted:"Hurry, hurry,
A faster tug is coming."
Tim panted and began to worry.
Past him in a sudden flurry
A brand new tug went foaming.

And paddle as hard as ever he could
Tim was left far in the rear.
Though he piled on steam, it was no good.
He was beaten, and the new tug rude-
-ly shouted: "Stand clear."

Alas, Jimmy had lost his chance.
   He turned round in shame.
The new tug gave him a scornful glance,
And shouted again:"Be off at once
   Back the way you came."

Timmy sailed on, and on further,
   Into the dark North.
All the weather was foul weather,
Tumbling the geese and the clouds together
   For all it was worth.

The hail fell. There was no sun.
   Like a hammer the wind beat.
But Timmy sang as he sailed on:
"I'm more than a match for anyone
  Or anything I may meet."

Then he saw in full sail,
  And lovelier than a bird,
A ship on the sea's green racing hill.
Her sails were fine, her masts were frail,
  And through them the storm roared.

Timmy's eyes opened wide
  To see that lady go
Into the pits of sea, and ride
The cliffs of sea on the other side
  Making rodeo

Playfully of the bully gale.
  Then Timmy's heart jumped
As with crack and shriek her sail
Was torn off at a sudden squall:
  Down in the sea she slumped.

"I'm here, I'm here, never despair !"
  Cried Timmy, and he sped.
Waves rose like mountains everywhere,
But nothing there was that he would not dare.
  He puffed till his funnels went red.

"Oh save me, sir! Oh save me, sir!"
  "Or I shall surely drown.
My sails of costly taffeta,
My yard-arms fifty pounds a pair
  Into the sea go down."

Timmy reached her where she lay
  Weeping for her mast.
He acted then without delay,
Cast her a rope and hauled away
  Back to the harbour fast.

The light-house and the tall tall cranes
Are the first to see him.
The low stone quay is taking pains
To stand on tiptoe, and strains its veins
Wishing it could be him.

The seagulls cheer,the small waves bow,
Curtsy and wave a hand.
High with pride is Timmy's prow
As home he leads his lady now
The happiest tug in the land.

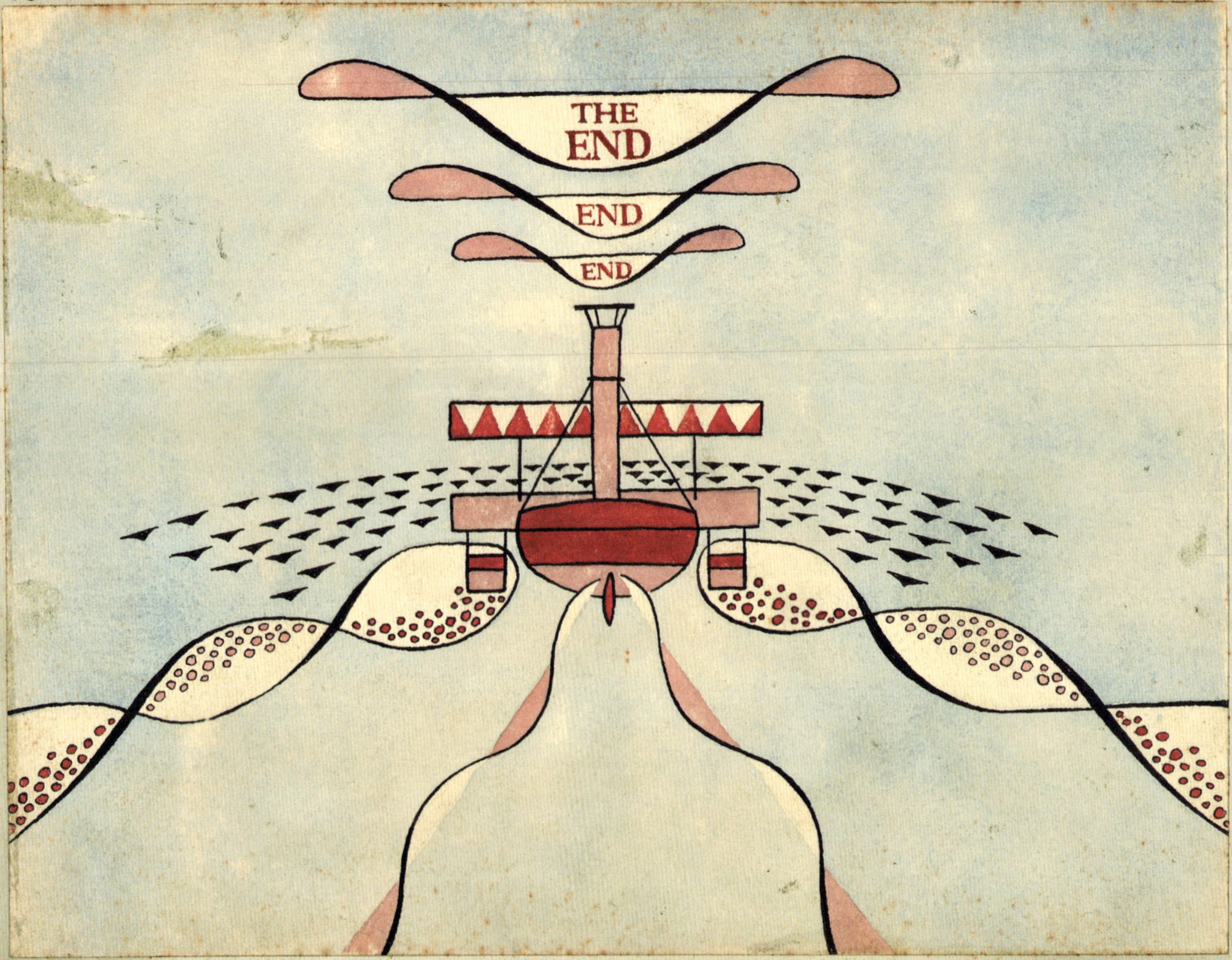
THE
END
END
END

TIMMY DER SCHLEPPER

Eine Geschichte in Farben
Eine Geschichte in Reimen
von
JIM DOWNER und TED HUGHES
für
Darry Andrew
und alle, die wie er sind
Aus dem Englischen von Uwe-Michael Gutzschhahn

.2.

Schaufelrad-Timmy war ein stämmiges Boot.
Gesund wie ein Wal, doch doppelt so kräftig –
Kein Wurm in den Planken, kein Lack tat not –
So schob er sich durch die Flusswellen prächtig.

Mit Schaufelradantrieb fuhr Timmy herum,
Doch heute sind Schrauben am Platze.
Gefragt sind Schiffe, die Meere durchqueren.
Drum ging der Käpt'n samt Koch und Katze,
Und mit ihm von Bord verschwand aller Rum.

Er fand ein Schiff mit mächtigen Schrauben,
Das den Ozean kreuzt mit gewaltiger Fracht.
Zurück blieb Timmy, von den Möwen verlacht,
mit Tauen gebunden an den schläfrigen Kai.
Und Rost versucht' ihm den Lack zu rauben.

.4.

Timmy der Schlepper schlug am Kai hin und her,
Die Taue rieben, die Nieten ächzten.
Bis zu den Augen lag er in Öl und Teer.
„Schäbiges Wrack", schrien die Möwen.
„Schrottkahn", die Krebse krächzten.

Das hielt er nicht aus, das war zu gemein,
Er schloss die Augen und zählte bis zehn.
„Lieber würd ich als Haus auf dem Trockenen stehn,
Triangel sein in einer miesen Kapelle,
Da könnte ich wenigstens nützlich sein."

.6.

Wie ein Gewichtheber plusterte Timmy sich auf,
Aus tiefster Lunge holte er Luft,
Riss an den Leinen, bis sie sich spannten,
Hob sich mit letzter Kraft aus der Gruft,
Bebend stöhnten die Hafenkanten.

Er würde fliehen! Vor seinem grimmigen Blick
Flohen die Möwen ins wolkige Grau.
Kaimauern zitterten, Spundwände dröhnten.
Er würde fliehen! Oder er riss mit dem Tau
Die ganze Hafenmauer fort in den Schlick.

Dann knarrt es und knackt es und kreischt und kracht.
Peitschend bersten die Taue am Kai.
Timmys Schaufeln wirbeln – los sind die Leinen,
Und die Hafenkräne tanzen auf ihren Stelzenbeinen –,
Timmy der Schlepper ist frei.

.8.

Jetzt tuckert er eilig, jetzt tuckert er schnelle.
Wo er auch hinschaut,
Breiten sich Himmel und Welle.
Er tuckert dahin, wie's ihm vertraut,
Bis plötzlich,

Fast schon zu spät, er stoppt – denn oje,
Steil vor ihm ragen sie jetzt in das Blau,
Zwei Riesenschlepper unterwegs zur See
(Timmy reicht ihnen knapp bis zum Knie)
und hinter sich ziehn sie an langem Tau

.10.

Ein Linienschiff wie ein gewaltiges Schloss,
Mit Türmen, die die Sonne verdecken.
Die Schlepper, sie starren nur stur nach vorn,
Keiner sieht Timmy, laut dröhnt ihr Horn,
Dahinter folgt schweigend der schwere Koloss.

Timmy taucht links, taucht rechts in die Wellen,
taucht auf, taucht ab, es tost an Bord.
Er steuert und schaufelt mit aller Kraft
Und schafft es knapp, keine Handbreit klafft,
Dann sind die Riesen des Ozeans fort.

.12.

„Geschickt gewendet mit listigem Mut",
sagte sich Timmy mit Stolz im Blut.
„Es fehlen mir weder Schaufel noch Hut.
Sanfter daheim keine Katze ruht,
als ich auf den Meerwellen liege."

Schon fliegt er auf einen Fischtrawler zu,
der die Fangnetze spannt durch die Tiefen.
Die Fischschwärme schlagen gefangen umher
Und jeder winkt mit den Flossen durchs Meer:
„Befrei uns, befrei uns, eh sie uns hieven."

.14.

Mitten hinein wirft sich Timmy: „Ich weiß",
ruft er laut, „was Gefangenschaft heißt."
Dann reißt er im Sturz die Maschen entzwei,
Verheddert sich bös in den Netzen,
aber die Fische sind frei.

Timmys Schaufeln verfangen, Maschine stopp.
Der wütende Trawler, er kam:
„Ich hack dich zu Kleinholz, verschwinde, hopp!
Ich schlag dir die Schornsteine ab."
Timmy versank fast vor Scham.

.16.

Und ringsherum die wütende Menge
Der Fischtrawler schaute ihm nach
Und knurrte aus Nebelhörnern.
Dröhnend hielten sie Timmy in Schach,
dass man mit ihnen so nicht umspränge.

.18.

Die See wurde tiefer, laut brandeten Wellen.
Timmy wandte nicht mehr den Blick.
Doch dann entdeckte er die gestrandete Brigg.
Ein Schiffswrack auf meergrünem Felsen.
Leuchtraketen wiesen auf das gescheiterte Glück.

„Ahoi! Ahoi!“ – Der Seemann schreit.
Und Timmy ruft: „Halt aus!
Halt durch, mein Freund, bewahr die Ruh.
Ich hol dich herunter vom Fels im Nu!“
Das war seine Chance. Er war bereit.

.20.

Er machte Dampf, es flog die Gischt,
Als Timmy durch die Wellen glitt.
Ein Schiff zu bergen mit Maus und Mannschaft,
Für solch eine Arbeit besaß er Kraft
Und nicht, damit er Netze durchschnitt.

.22.

Doch die Möwen schrien: „Beeil dich, beeil dich,
Ein schnelleres Schiff kreuzt den Ozean.“
Tim keuchte stampfend mit wachsender Sorge.
Gischt sprühend flog über den Horizont plötzlich
Ein brandneuer Schlepper pfeilschnell heran.

So heftig die Schaufeln auch peitschten die See,
Timmy blieb immer weiter zurück.
Es half nichts, die Kessel noch stärker zu heizen.
Er gab sich geschlagen, er hatte kein Glück.
Und der Neue rief hässlich nur: „Geh!“

.24.

O Gott, Timmy hatte die Chance vertan.
Er schwieg und wandte sich ab voll Scham.
Der neue Schlepper sah hämisch ihm nach
Und rief noch lauthals hinter ihm her:
„Lass bloß dich nicht blicken hier mehr.“

.26.

Timmy fuhr weiter und weiter fort,
Wo die Dunkelheit haust, Richtung Nord.
Der Himmel, ein eisiger Regenhort,
Warf Gänse in Wolken, Wolken in Gänse.
Das Wetter war schierer Mord.

Hagel prasselte. Es gab keine Sonne.
Wie ein Hammer peitschte der Wind.
Aber Timmy sang gegen ihn an wie blind:
„Ich bin gewappnet für jeden, der komme,
Und alles, was mir begegnet."

.28.

Dann sah er ein Schiff voll unter Segel
Und tausendmal schöner als jeder Vogel.
Es jagt über den grünen Wellenkamm.
Die Masten zerbrechlich, zum Zerreißen stramm
Bläht der Sturm die hauchfeinen Tuche.

Timmy folgte, die Augen weit,
Der Meergöttin in ihrer Herrlichkeit,
Als sie ins nächste Wellental glitt
Und danach erneut auf den Schaumkronen ritt,
Als wär es ein Rodeo.

Ein Spiel auf dem Rücken der peitschenden See.
Doch dann auf einmal das Herz ihm rast,
Als krachend und kreischend im tosenden Glast
Eine Sturmbö die Segel zerreißt von Lee
Und die Schöne hinab in die Tiefe reißt.

.30.

„Ich komme, ich komme, verzweifle nicht!",
Schrie Timmy der Schlepper und sputete sich.
Die Wellen ringsum jetzt Gebirgen gleich,
Doch nichts konnt' ihn schrecken, nichts machte ihn bleich.
Seine Schornsteine glühten wie Feuer.

„Oh, retten Sie mich! Oh, retten Sie mich!
Sonst ist es um mich geschehen.
Und meine Segel aus wertvollem Taft,
die teuren Rahen, die gaben mir Kraft,
sie werden mit untergehen."

Timmy erreichte den Ort, wo sie lag,
weinend um ihren Mast.
Ohne zu zögern und ohne Rast
warf er das Tau ihr schnell zu
und brachte zurück sie im Nu.

.33.

Der Leuchtturm und die Hafenkräne sind
Die ersten, die Timmy heimkehren sehen.
Und der Steinkai reckt sich empor auf die Zehen,
Er streckt die Glieder, vor Schmerz fast blind.
So sehr wünscht er sich, es ist Tim.

Die Möwen jubeln, die kleinen Wellen verneigen
Sich höflich und winken, wie sich's gebührt.
Stolz zeigt er den Bug, der Rest ist Schweigen,
Als seine Göttin nach Hause er führt –
Der glücklichste Schlepper im Land.

.34.

ENDE

ENDE

ENDE

NACHWORT

JIM DOWNER

Das Buch wurde vor mehr als fünfzig Jahren, zwischen 1953 und 1956, erdacht, gezeichnet und geschrieben. Die Idee dazu kam mir in einer Wohnung im obersten Stock eines georgianischen Reihenhauses in Bloomsbury mitten in London, wo ich damals wohnte. Zu dieser Zeit hatte ich gerade Wendy kennengelernt, die später meine Frau werden sollte. Mit dem Buch wollte ich sie beeindrucken und ihr zeigen, dass ich der passende Ehemann für sie sei – einer, der eventuell sogar ein guter Vater sein könnte, und vielleicht auch jemand, der in sich den romantischen Ehrgeiz spürte, ein Künstler zu sein.

Damals lagen Kunst und Design gerade sehr „in der Luft". Es war die Zeit nach dem *Festival of Britain* von 1951, und das ganze Land war noch erfüllt von einem neuen Optimismus, einer neuen Unruhe, die das Festival in uns ausgelöst hatte. Plötzlich schien alles möglich. In unsere graue Welt war wieder Farbe eingekehrt und jeder versuchte diesen Aufbruch für sich zu nutzen.

Von 1946 bis 1951 hatte ich in Leeds am *College of Art* Malerei studiert, danach lebte ich vier Monate in Italien, in denen ich von Rom nach Venedig wanderte. Als ich nach England zurückkehrte und einsehen musste, dass sich meine Bilder wohl nicht verkaufen ließen, begab ich mich erneut auf Wanderschaft, diesmal durch Yorkshire, wo ich alte, in den Kriegsjahren verwitterte Pubschilder neu ausmalte – und manchmal auch neu entwarf. Ich erhielt dafür zwar freie Kost und Logis, doch ansonsten war die Bezahlung lausig, sodass ich mich gezwungen sah, mir einen anderen, beständigeren Job zu suchen.

Die passende Gelegenheit bot sich durch einen Hinweis von Alan Taylor, einem meiner ehemaligen Lehrer in Leeds. Taylor hatte einen Freund, Monty Reed, ein Ausstellungsdesigner, der einen Assistenten suchte. Das war perfekt, denn ich hatte mich in den Monaten in Italien zunehmend für Design und Architektur interessiert. Genauso wie in England nach dem *Festival of Britain*, war auch in Italien schlagartig ein völlig neues visuelles und räumliches Denken entstanden, weshalb sich in meiner Zeit dort mein ursprüngliches Ziel, Maler zu werden, immer mehr in Richtung Designer verlagert hatte. Außerdem war der Job in London – und wo hätte ein angehender Designer sonst leben wollen?

Also zog ich im Frühjahr 1952 in den obersten Stock des Hauses Nr. 18 in der Rugby Street im Stadtteil Bloomsbury. Die Wohnung verschlang meinen gesamten wöchentlichen Lohn (der für die damalige Zeit hoch war) plus weitere sieben Pfund. Doch der entscheidende Vorteil bestand darin, dass ich gleich um die Ecke in der Lamb's Conduit Street im Studio von Monty Reed meine Ausbildung zum professionellen Designer machen konnte.

Ich war zweiundzwanzig und die Wohnung in der Rugby Street bedeutete mein erstes eigenes Zuhause. Ich konnte die Wände nach Belieben in sämtlichen neuen Farben streichen, ich konnte über die Ausstattung selbst entscheiden, die Bodendielen freilegen, ganz wie ich es wollte. Kurz gesagt, ich konnte zeigen, was für ein großartiger Designer und toller „Hecht" ich war. So fühlte ich mich auf einmal wie die Made im Speck.

Das Haus Nr. 18 in der Rugby Street stammt aus der Frühzeit der georgianischen Ära. Es hat vier Etagen plus einen Keller. Damals gab es in jedem Stockwerk nur eine Wohnung und für jede Wohnung nur einen Mieter. Alle Wohnungen hatten die gleiche Form: Von der Treppe aus trat man direkt ins Wohnzimmer, das zwei bis zum Boden reichende Fenster hatte, aus denen man auf die Rugby Street schaute. Rechts von den Fenstern, über dem Treppenaufgang, lag ein abgetrennter Bereich, der als Küche diente. Er hatte ein weiteres Fenster – das dritte in der Reihe, die man von der Straße aus sah, alle im gleichen Format. Die Küche war ungefähr zwei mal zwei Meter groß und enthielt einen Gasherd, der so schrecklich leckte, dass jede Zimmerpflanze nach wenigen Tagen einging. Ein Badezimmer gab es nicht. Wenn man baden wollte, ging man in die nahe gelegenen Holborn Public Baths. Auch eine Toilette gehörte nicht zur Wohnung; die nächste befand sich im Kohlenkeller, und man erreichte sie nur, wenn man vorn aus der Haustür trat, sich nach links wandte und sich dann hinter einem Geländer die Treppe hinab zu einer Tür unterhalb des Gehwegs begab. In der Toilette selbst, die sich neben einem kegelförmigen Kohlenberg befand, war es stets schwarz von dem ganzen Kohlenstaub. Es gab kein Waschbecken. Und wenn nachts die Batterien der Taschenlampe versagten oder der Wind, der über Bloomsbury hinwegfegte, die mitgebrachte Kerze ausblies, musste man schon in großer Not sein, um sich dort hinunterzuwagen.

Im ganzen Haus gab es keinen Strom: Sowohl die Beleuchtung

als auch das Kochen funktionierte mit Gas. Jedes Stockwerk hatte seine eigene Gasuhr, die man mit Einschilling-Münzen bestücken musste. Nachts versank man in tiefer Dunkelheit, wenn der Zähler mal wieder seinen Anteil am Lohn verschluckt hatte. Ich bekam mein Geld immer donnerstagabends. Im Winter war regelmäßig ab Dienstag nichts mehr übrig. Statt in der Dunkelheit bei Kerzenlicht zu sitzen, ging ich lieber zur U-Bahn-Station Holborn, kaufte mir einen Fahrschein für zwei Pence und fuhr mit der Circle Line wieder und wieder im Kreis, erfreute mich an dem Licht und der Wärme in den Zügen und las ein gutes Buch.

Die Tatsache, dass die Beleuchtung mit Gas funktionierte, bedeutete, dass wir Glühstrümpfe verwendeten, die ständig ersetzt werden mussten. Das waren kleine kuppelförmige, aus feinmaschigem, asbesthaltigem Material gewebte Gebilde, die mit einer besonderen Tonerde getränkt waren. Sie waren sehr empfindlich und brachen leicht zwischen den Fingern, wenn man versuchte sie anzubringen, besonders dann, wenn man es im Dunkeln oder in dem trüben Licht einer blakenden Kerze tat. Geheizt wurde mit einem Kohleofen, für den man die Kohle aus dem Raum unter der Kellertreppe holen musste. An kalten Winterabenden stand man manchmal Schlange, um in den Kohlenkeller zu kommen.

Es gab auch kein fließendes Wasser in den Wohnungen. Das Wasser holte man aus einem Spülstein auf halber Treppe zwischen den Etagen. Für mich hieß das eine Treppe tiefer, für den Mieter unter mir eine Treppe höher. So lernte ich Ted Hughes kennen. Seine Wohnung – in der er sich gelegentlich aufhielt, wenn er aus Cambridge und von anderswo kam – befand sich im ersten Stock, zwei unter meiner, doch das Becken direkt über seiner Wohnung war verstopft, also hatte er sich einfach ein Stockwerk höher begeben, um Wasser zu holen.

Selbst Wasserteilen kann manchmal zu einer Freundschaft führen. In unserem Fall war es so. Wir hatten beide den Vor- oder vielleicht auch Nachteil, in Yorkshire aufgewachsen zu sein; wir trugen noch beide die gleiche Moral in uns, dass Arbeit der Reinigung der Seele diene, so wie das in Yorkshire Tradition war; wir hatten beide unsere Teenagerzeit damit verbracht, die unberührten Teile unseres Landes zu erwandern. Außerdem glaubten wir beide an das darwinsche Prinzip vom Überleben des am besten an seine Umgebung angepassten. Die Rugby Street war der ideale Ort, um diese Ansicht auf die Probe zu stellen. Das Haus zog nur Leute mit ähnlicher Überzeugung an. Wer sie nicht teilte, hielt es nicht lange aus. Ohne Strom, ohne Fernsehen und gewöhnlich ohne Geld, um uns Batterien fürs Radio leisten zu können, verbrachten wir die Abende mit Gesprächen, oft bis in die frühen Morgenstunden, und tranken Instantkaffee oder, wenn wir gerade flüssig waren, ein paar Flaschen Stierblut. Häufig aßen wir abends auch in einer Gruppe von mehreren Leuten und kreierten Gerichte wie Spaghetti Bolognaise oder Makkaroni mit Käse. Woran ich mich nicht erinnern kann, ist, dass wir jemals Gemüse gegessen hätten.

Die Gruppe bestand aus wechselnden Leuten, die fast alle um die zwanzig waren und in der Rugby Street oder der näheren Umgebung wohnten, Leute unterschiedlicher Herkunft und Bildung, aber alle entschlossen, das Beste aus sich herauszuholen. Unter ihnen waren Ted Hughes und später auch eine Weile Sylvia Plath;

die Schauspieler Peter O'Toole, Albert Finney und Siân Phillips, die damals alle noch an der RADA, der *Royal Academy of Dramatic Art*, arbeiteten; der Maler Robert O'Brian gehörte dazu, der um die Ecke in der Great Ormond Street wohnte, außerdem gab es noch zwei Keramiker, Lucie Rie und Hans Coper; und manchmal, wenn er in London war, kam auch Jacques Tati vorbei oder Wendy Craft, die ich heftig umwarb. Wendy war Jacques' Cutterin, die damals gerade an der englischen Fassung von *Die Ferien des Monsieur Hulot* saß. Natürlich nannten wir Jacques alle „Hulot". Außerdem gehörte zu der Gruppe noch Philip Wrestler, der später als Regieassistent in dem Film *The Italian Job* für das Mini-Cooper-Rennen rund um Turin zuständig war.

In den Gesprächen ging es meistens um Kunst. Ich erinnere mich, wie wir alle zusammenlegten, um Batterien für ein Radio zu besorgen, damit wir auf BBC 3 Richard Burtons Lesung der Uraufführung von *Unter dem Milchwald* hören konnten. Und ich weiß noch, wie Peter O'Toole wortgetreu die Songs der *West Side Story* vortrug, die er auf einer aus den USA eingeschmuggelten Platte gehört hatte. Zu der Zeit gab es in England noch keine Aufnahme zu kaufen. Ich erinnere mich auch an einen Abend, an dem uns Ted und Sylvia mit der Ballade „From the Hag and Hungry Goblin" eines unbekannten Verfassers beeindruckten, die sie auseinandernahmen und dann zu unserer großen Freude ein wenig verändert neu zusammensetzten.

Sylvia sahen wir nicht sehr oft, aber es gab Zeiten, da las Ted aus Gedichten vor, an denen er und sie gerade arbeiteten, und forderte uns auf, Kritik zu äußern. Wir zeigten eigentlich alle unsere Arbeiten und wollten die Meinung der andern wissen, die dann auch offen ausgesprochen wurde. Peter O'Toole bot uns den Text von Sean O'Caseys Stück *Juno und der Pfau* dar, den er gerade am RADA einstudierte. Er sprach ihn mit perfektem irischem Akzent, was wirklich etwas hieß, da er wie wir in Yorkshire aufgewachsen war und im alltäglichen Sprechen eher ein bisschen wie Alan Bennett klang. Die Geschichten, die Peter uns von seiner Zeit an der RADA erzählte, waren einfach zum Brüllen komisch, und ich ließ mich irgendwie rumkriegen, für die Akademie Bühnenbilder zu schaffen, obwohl feststand, dass ich absolut keinen Penny dafür bekommen würde.

Lucie Rie brachte ab und zu voller Begeisterung eine Keramikarbeit an, um uns eine neue Farbe in den Glasuren zu zeigen. Die Erinnerung an die Fragilität dieser Farben auf den hauchdünnen Gefäßen hat ein Stück weit mein visuelles Bewusstsein geprägt. Genauso wie die Arbeit von Richard Huws, der den zweiten Stock in der Rugby Street bewohnte. Er hatte für das *Festival of Britain* einen Brunnen entworfen, dessen Wasser neun Meter in die Tiefe stürzte, und dieser Brunnen ergoss sich auch Mitte der Fünfzigerjahre noch an der Londoner South Bank. Der Brunnen fand bei uns begeisterte Zustimmung und wir bewunderten Richard ehrfürchtig.

Für die von uns, die in den Zwanzigern waren, drehten sich die Gespräche häufig auch um unsere Zukunft. Würden wir es „schaffen"? Pete O'Toole schien sich seiner Sache sehr sicher, und falls er doch mal Zweifel gehabt haben sollte, zeigte er sie zumindest nicht. Sein Optimismus war geradezu beflügelnd, und immer, wenn er dabei war, wurden unsere Träume ganz leicht. Doch ansonsten waren wir andern eher unsicher. Es schien uns klar, dass England mit immer größerem Tempo voranschreiten würde, und wir hatten Angst, irgendwann unter die Räder zu kommen. Wenn wir doch nur schon ein paar Jahre älter und mit unserer Karriere ein Stück weiter gewesen wären. Wendy dagegen hatte bereits einen Fuß auf der Leiter, da sie mit achtzehn als freie Cutterin angefangen und mit Carol Reed, David Lean und eben Jacques Tati zusammengearbeitet hatte.

Bevor Ted Hughes Sylvia Plath kennenlernte, hatte er sich in die Warteliste für ein Subventionsticket zu zehn Pfund eingetragen, um einen Platz auf einem Auswandererschiff nach Australien zu ergattern, wie es die australische Regierung anbot, um Leute mit Unternehmungsgeist zu animieren, ein neues Leben außerhalb von England zu wagen, wo bestimmte Artikel immer noch rationiert waren. Das Modell fand großen Zuspruch, und Ted wollte sich in Australien mit seinem Bruder Gerald zusammentun, der erst kurz zuvor dorthin ausgewandert war. Ted hatte aber auch die Idee, mit einem eigenen Boot nach Australien zu segeln, und da ich ein bisschen Erfahrung im Segeln besaß, gingen wir nächtelang gemeinsam die Möglichkeiten durch. Doch ohne Kapital blieben für uns selbst die billigen Boote, die in den fünf Kriegsjahren völlig verrottet waren, unerschwinglich, außerdem wären sie wahrscheinlich schon vor Land's End gesunken.

An anderen Abenden diskutierten wir in anderer Zusammensetzung oft bis nach Mitternacht und wagten uns dann, beduselt von den Gasausströmungen, hinaus in den frühen Morgen, um nach Covent Garden oder Smithfield zu ziehen, wo wir uns in einem der Porters's Cafés, die die ganze Nacht geöffnet hatten, becherweise Tee einverleibten und dazu eine ganze Obsttorte (meistens mit Kirschen) von gut 45 cm Durchmesser verdrückten. Zu jener Zeit trug Ted eine schwarze Cordjacke, die es Peter O'Toole und mir angetan hatte. Ständig fragten wir ihn, wo man sie kaufen könne, doch er sagte es nicht. Er trug sie auch, als er zur Kirche St George the Martyr in Holborn ging, um Sylvia zu heiraten. Später fand ich heraus, dass er sie einfach gefärbt hatte und sie ursprünglich braun gewesen war. Die Jacke war genau das Richtige für seine Hochzeit.

Natürlich wurde nicht jeder Abend gemeinsam verbracht. Eigentlich machten wir meistens unsere eigenen Sachen und kümmerten uns um unsere Zukunft. Ich zeichnete *Timmy the Tug* und versuchte jedes Mal, wenn Wendy vorbeikam, die Blätter vor ihr zu verbergen. Zuerst hatte ich die Seiten mit feinem Bleistift gezeichnet, dann wurde das Ganze mit Wasserfarben laviert. Schließlich zog ich die Bleistiftlinien mit Tusche und einem sehr feinen Zeichenstift nach. Die Reihenfolge der Arbeitsschritte ergab sich aus der Tatsache, dass die Tusche nicht wasserfest war, doch auch so musste man noch aufpassen, dass die Tusche beim Arbeiten nicht verschmierte, da sie nur langsam trocknete. Manchmal machte ich die Arbeit am Wochenende bei Tageslicht, aber meistens setzte ich mich abends unter der Gasfunzel dran.

Schließlich war *Timmy the Tug* fertig, einschließlich meiner ziemlich amateurhaften Verse. Genau da kam Ted auf einen Kaffee vorbei und sah das Werk. Bis zu diesem Zeitpunkt hatte ich es noch niemandem gezeigt, denn wie ich schon sagte, es sollte eine Überraschung für Wendy werden. Aber Teds Meinung war mir wichtig. Ted, der immer äußerst wohlwollend war, äußerte sich freundlich über meine Verse und fragte dann vorsichtig, ob es mir etwas ausmachte, wenn er eine eigene Fassung schriebe. Da ich mir der Unzulänglichkeit meiner schriftstellerischen Fähigkeiten bewusst war, willigte ich gern ein und überreichte ihm das illustrierte Originalmanuskript, das er mitnahm, um in seiner Wohnung am Text zu arbeiten.

Die Zeit war gekommen, dass wir alle den Zauber des Hauses Nr. 18 in der Rugby Street hinter uns ließen – Ted, um mit Sylvia nach Amerika zu gehen, Peter, um sich *The Long and the Short and the Tall*, *Lawrence von Arabien* und anderem zu widmen, und Wendy und ich, um zu heiraten. Am Ende brauchte ich gar nicht Timmys Hilfe, um sie zu überreden. Wir trafen uns alle noch bis weit in die Sechzigerjahre, aber irgendwie bekam ich meinen Timmy nie mehr von Ted zurück. Ich war inzwischen ein viel beschäftigter Mann, genau wie er. Jeder war in einer anderen Welt angekommen.

2008, also zweiundfünfzig Jahre später, fand Teds Frau Carol Hughes *Timmy the Tug* zwischen seinen Hinterlassenschaften und schickte es mir, nachdem sie meine Adresse ausfindig gemacht hatte, freundlicherweise zurück. Zu meiner großen Freude stellte ich fest, dass Ted tatsächlich eigene Verse geschrieben hatte.

Notiz des Autors:

Ted Hughes hat über das Haus, wo wir uns damals begegneten, in dem Gedicht „18 Rugby Street“ geschrieben. Es findet sich in dem Band *Birthday Letters*, der 1998 in England herauskam. (Deutsch 2003 unter dem gleichen Titel bei Suhrkamp erschienen).

1. Auflage 2010

Die Originalausgabe erschien unter dem Titel *Timmy the Tug* bei Thames and Hudson, London
Aus dem Englischen von Uwe-Michael Gutzschhahn

Druck und Bindung: C&C Offset Printing
Printed in China

www.gerstenberg-verlag.de

ISBN 978-3-8369-5309-2